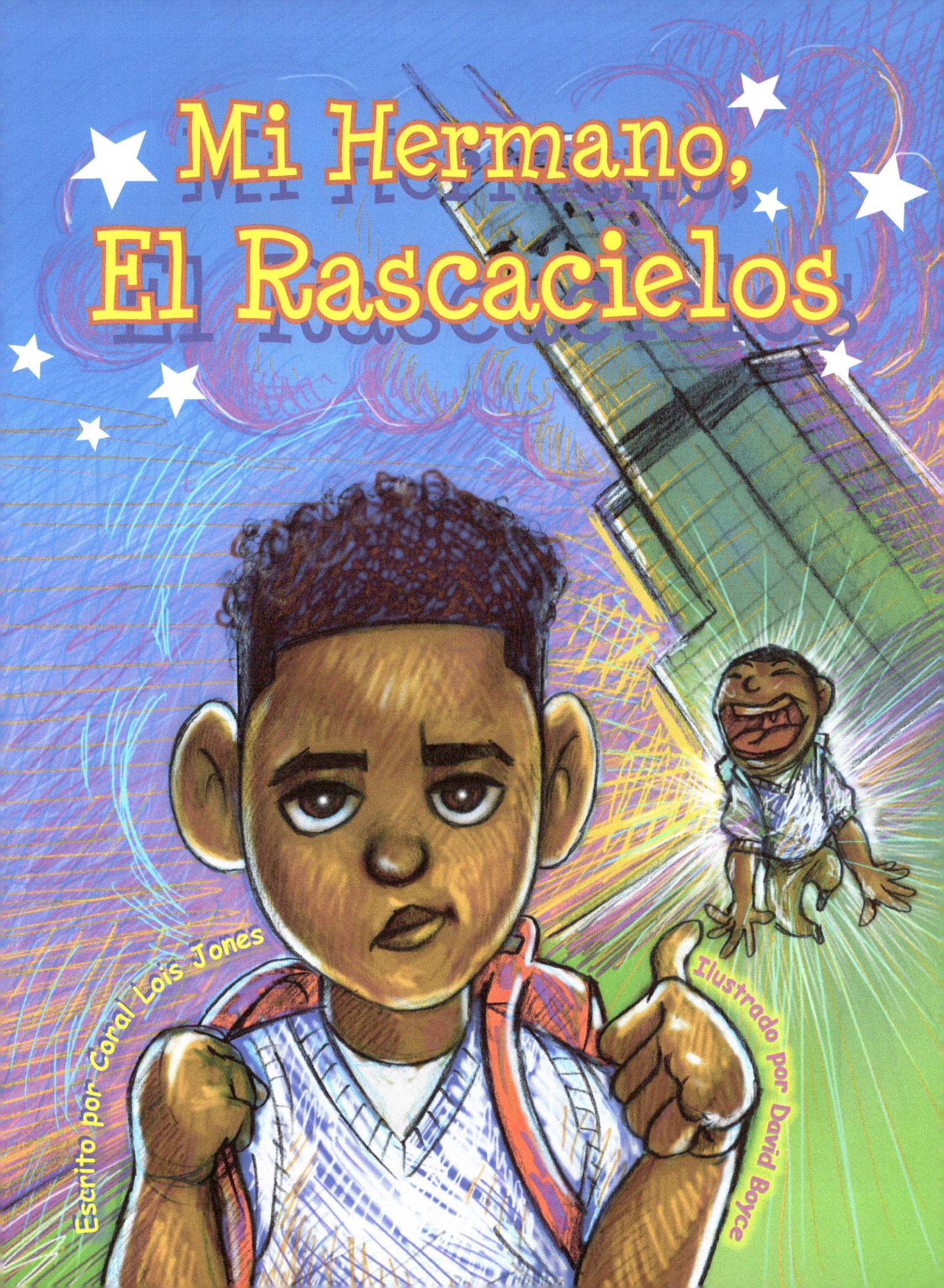

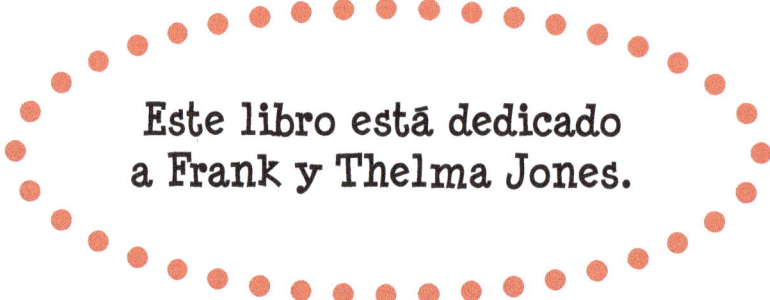

Este libro está dedicado
a Frank y Thelma Jones.

Escrito por Coral Lois Jones
Ilustrado y diseño por David Boyce
Editado por Eric Fannin
Traducción por Michelle Cacho Gómez

Derechos de Autor del Texto e Ilustración © 2021-2022 por Coral Lois Jones
Todos los derechos reservados, excepto aquellos permitidos bajo el Acta
De Derechos de Autor de 1976.
Ninguna parte de esta publicación deberá ser reproducida, distribuida o,
Transmitida de ninguna forma o por ningún medio, o almacenado en una
Base de datos o sistema de recuperación, sin el previo
Consentimiento escrito del editor.

Contenido

Estatua de la Libertad, Isla Libertad de Manhattan, Ciudad de Nueva York, Nueva York. River House, Grand Rapids, Michigan. Fifth Third Center, Toledo, Ohio. Torre Transamerica, Baltimore, Maryland. PNC Plaza, Raleigh, Carolina del Norte. Plaza Burnett, Fort Worth, Texas. Plaza del Banco de América, Atlanta, Georgia. Torre Eiffel, Paris, Francia. Torre Willis, Chicago, Illinois. Edificio Empire State, Manhattan Ciudad de Nueva York. Un Mundo Trade Center, Nueva York, Nueva York. Burj Khalifa, Dubai, Khalifa localizado en el parque Burj por Emaar.

Lyniell caminaba rápidamente con su hermano Cordaee a la Biblioteca Pública FranThel cuando tropezó con Luis. Boca abierta. Luis preguntó, "Cordaee, tu hermano es un rascacielos?"

Cardaee dijo, "No, Luis, recuerda que nuestro maestro nos dijo que un rascacielos es un edificio alto con varios pisos, y la mayoría de los rascacielos se encuentran en las ciudades. ¡No son seres humanos!

Luis preguntó, "¿Tu hermano es más alto que la Estatua de la Libertad, la estatua que se encuentra en la Isla Libertad?"

Cordaee dijo, "Bro, en el libro de historia de mi hermano, Vi una fotografía de la Estatua de la Libertad! Este rascacielos simboliza la libertad para los inmigrantes llegando a través del mar! ¡El grillete roto y la cadena en sus pies significa el fin de la esclavitud! ¡No! Mi hermano no es un rascacielos, pero es alto como uno."

Libertad Libertad
Libertad Libertad
Libertad Libertad
Libertad Libertad
Libertad Libertad
Libertad Libertad

Luis preguntó, "¿Tu hermano es más alto que River House? El edificio más alto de Grand Rapids, Michigan. ¡Ese edificio es alto! ¡El último piso es 121 metros (397 pies), y su techo es 124 metros (406 pies) con 34 pisos!"

Cordaee contestó, "¡No, él solo es alto como un rascacielos, pero es mi hermano!

Luis continuó preguntando, "¿Tu hermano es más alto que el Fifth Third Center en One Seagate en Toledo, Ohio? ¡Este rascacielos tiene 125 metros (411 pies) de altura y consiste de 29 pisos!"

Cordaee contestó, "¡No, pero sabías que mi mamá habló sobre las Toledo Mud Hens, un equipo de béisbol de ligas menores que juega dentro del Fifth Third Field! Cordaee contestó, "¡No, él es alto como un rascacielos, pero es mi hermano!

Luis preguntó, "¿Tu hermano es más alto que la Torre Transamerica en Baltimore, Maryland? ¡Ese rascacielos mide 161 metros (529 pies) y tiene 40 pisos!"

Cordaee contestó, "¡No, él solo es alto como un rascacielos, pero es mi hermano!

Luis tenía curiosidad y preguntó: "¿Tu hermano es más alto que la Plaza PNC en Raleigh, Carolina del Norte? ¡Ese rascacielos mide 164 metros (538 pies) con 33 pisos, y es el productor #1 de camotes de la nación!"

Cordaee contestó, "¡Oh! ¡No, él solamente es alto como un rascacielos, pero es mi hermano!

la Plaza PNC la plaza PNC la Plaza PNC la Plaza PNC

Luis pensó por un momento, luego preguntó, "¿Tu hermano es más alto que la Plaza Burnett en Fort Worth, Texas? ¡Ese rascacielos mide 173 metros (567 pies) de altura y tiene 40 pisos!"

Cordaee sacudió su cabeza y dijo, ¡No, él solamente es alto como un rascacielos! Oye, ¿sabías que a Fort Worth también se le conoce como Cow Town (Pueblo de Vacas)?"

Luis continuó preguntando, "¿Tu hermano es más alto que el rascacielos de La Plaza Banco de America en Atlanta, Georgia? ¡Este rascacielos tiene unos impresionantes 311 metros (1,023 pies) de altura, y tiene 55 pisos!"

Cordaee contestó, "Hablando de Atlanta, Hmmm… ¡No, él es solamente alto como un rascacielos, pero es mi hermano!"

La Plaza Banco de America La Plaza Banco de America La Plaza

Luis continuó con su cuestionamiento, "¿Tu hermano es más alto que la Torre Eiffel en París, Francia? ¡Ese rascacielos mide 324 metros (1,063 pies) a pesar de que solo tiene tres pisos!"

Cordaee contestó, "¡Oh! ¡No, él solamente es alto como un rascacielos, pero es mi hermano!

Luis golpeó su pie y rascó su barbilla mientras trataba de pensar acerca de más edificios. Eventualmente, él dijo, "¿Tu hermano es más alto que la Torre Willis en Chicago, Illinois? ¡Ese rascacielos es de 442 metros (1,451 pies), 110 pisos!"

Cordaee contesto, "Chicago es el estado con el hot air politician, así es como la ciudad de los vientos recibió su nombre! ¡Oh, no, él solamente es alto como un rascacielos!

Torre Willis Torre Willis
Torre Willis Torre Willis
Torre Willis Torre Willis

Luis planteó otra pregunta diciendo, "¿Tu hermano es más alto que el Edificio Empire State en Manhattan, Ciudad de Nueva York? ¡Ese rascacielos mide 443.2 metros (1,454 pies) de alto, y tiene 102 pisos!

Cordaee dijo, "¡No, él es alto como un rascacielos, pero es mi hermano!"

Empire

State

Torre

Luis luego preguntó, "Tu hermano es más alto que el One World Trade Center en Nueva York, Nueva York? Ese rascacielos mide unos increíbles 541 metros (1,776 pies) con 104 pisos! ¿Sabías que es el edificio más alto en los Estados Unidos?"

Cordaee dijo, ¡No, él es solamente alto como un rascacielos, pero es mi hermano!"

One World Trade Center

Luis luego preguntó, "¿Tu hermano es más alto que el Burj Khalifa? Este rascacielos mide 828 metros (2,717 pies) de altura y tiene unos fascinantes 163 pisos! Es el rascacielos más alto del mundo!"

Cordaee dijo, ¡No, él es solamente alto como un rascacielos, pero es mi hermano!"

Burj Khalifa

Burj Khalifa

Eventualmente, Lyniell vino a recoger a Cordaee de la Biblioteca Publica Franthel. Hel dijo, "¿Estás listo? ¿Qué tal tu día?"

Luis saltaba hacia arriba y hacia abajo.

"¡Wow, tu hermanos es un rascacielos! ¡Yo quiero un hermano torre, también! ¡Uno que yo pueda aplaudir!" Cordaee se rió. "Mi mamá dijo que si él continúa comiendo y creciendo alto, ¡él va a comernos fuera de nuestra casa! Cordaee exclamó, "Un día, ¡yo voy a ser alto exactamente como él y tendré una gran carrera! ¡Solo espera y ya verás! ¡Te veo mañana, Luis!"

Rascacielos Rascacielos Rascacielos Rascacielos Rascacielos

Clave de Medidas

Metrico
1 kilometro (km) = 1,000 metros (m)
1 metro (m) = 100 centimetros (cm)
1 centimetro (cm) = 10 milímetros (mm)

Imperial
1 milla (mi) = 1,760 yardas (yd)
1 yarda (yd) = 3 pies (ft)
1 pie (ft) = 12 pulgadas (in.)